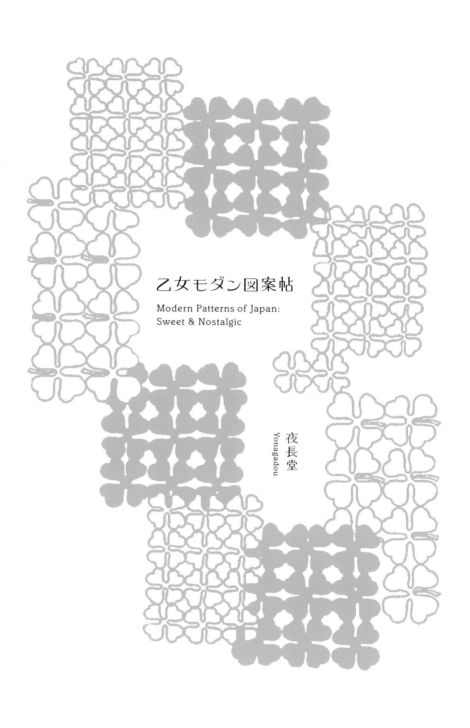

乙女モダン図案帖

Modern Patterns of Japan:
Sweet & Nostalgic

夜長堂
Yonagadou

はじめに

誰にも媚びず飄々とした魅力をはなつ昭和30年代頃の千代紙、さりげない乙女心や遊び心が感じられる昭和初期の着物の図柄、独特の図柄と色のリズムが踊る1960〜70年代頃のパターン、大胆かつ奇抜で粋なセンスがつまった大正時代の羽織の裏地……。滑稽にも思えるくらい自由なデザインを眺めていると妙な愛着がわいてきます。そんなデザインの虜になった私は、古道具のバイヤーの仕事をする合間に、何年もかけて少しずつ少しずつ端切れや紙たちを集めていきました。

といっても、私は決してコレクターでもなく、またデザイナーでもありません。

ただただ、これらの千代紙や着物のデザインのおもしろさに惹かれて、眺めるだけでなく、できるならばもっと日常の中で楽しみたいと考え、手元に集まった図柄を懐かしい風合いの紙に印刷してみたのです。そして、「モダンJAPAN復刻ペーパー」と名付けて、2006年頃に販売をはじめました。

乙女心とは、恋愛相手だけではなく、平凡な日常を共有する友人や身近な人に向けても、女の子らしい、ささやかな思いやりをもてた時に感じられるように思います。すべての世代の人がもちうる、ステキな感覚ではないでしょうか。

この『乙女モダン図案帖』は、なつかしくて新しい商品を作っている夜長堂が、どんなものからインスピレーションを受けたか、そのルーツを知っていただけるアイデア帖でもあり、元気でかわいい物作りをしていた時代をご案内するガイドでもあります。

のびのびとした作り手たちの感性は、現代の私達の心をきっと和ませてくれることでしょう。手にとってくださったみなさんが、なにかしら新しい発見をしてくだされば、これに勝る喜びはありません。

夜長堂

Introduction

The uningratiating, aloof charm of the chiyogami from the 30s of the Showa period (1955-1965). The designs on kimono from the early days of the Showa period that convey a girlish heart and sense of fun. Patterns from the 1960s and '70s alive with their unique design and rhythmic colors. The lining of a haori from the Taisho era with its bold and original sense of style.

Looking at these designs, unconstrained almost to the point of being comical, I feel curiously attached to them. I have become completely captivated by them, and in between my jobs as an antiques buyer, have over the years collected odds and ends of fabric and paper.

I would not describe myself as a collector, nor as a designer.

I had been drawn in by the fun designs on the chiyogami and the kimono, but I wasn't satisfied with just looking at them. If possible I wanted to incorporate them into everyday life, and therefore decided to try printing the designs that I had collected onto nostalgic-looking paper. I called it Modern Japan Reproduction Paper and began selling it as Yonagadou paper around 2006.

I created items such as stationery and wrapping paper with designs that appeal to young girls, hoping to make them think about the recipients of their letters and gifts.

The Otome Modan Zuancho (Young Girl's Modern Sketch Book) is an ideas book that reveals the source of Yonagadou's inspiration for creating new products that are based on nostalgic products of the past. It is also a guide to the time I spent as a young girl making my own cute, girlish things.

The feeling captured in handmade things from the past undeniably soothes the hearts of people today.

——Yonagadou

目次

Contents

其の壱

1

{ 紙もの
Paper things }

手にとると懐かしいような、
素朴な風合いが感じられる昭和30年前後の千代紙。
おどろくほどあざやかな色合いやシュールな図柄。
チープな紙質に、版が雑にずれているおおらかさ。
けっして甘すぎず、でも見た人たちがクスッと
思わず微笑んでしまうような不思議な魅力があります。

Chiyogami from the 30s of the Showa period (1955-1965).
Feel its rustic texture and note its nostalgic look.
Its vivid colors and surreal design are extraordinary.
Observe the big-heartedness of the roughly applied
printing blocks to the cheap-looking paper.
It contains a wonderful charm that makes people smile
without being at all sugary.

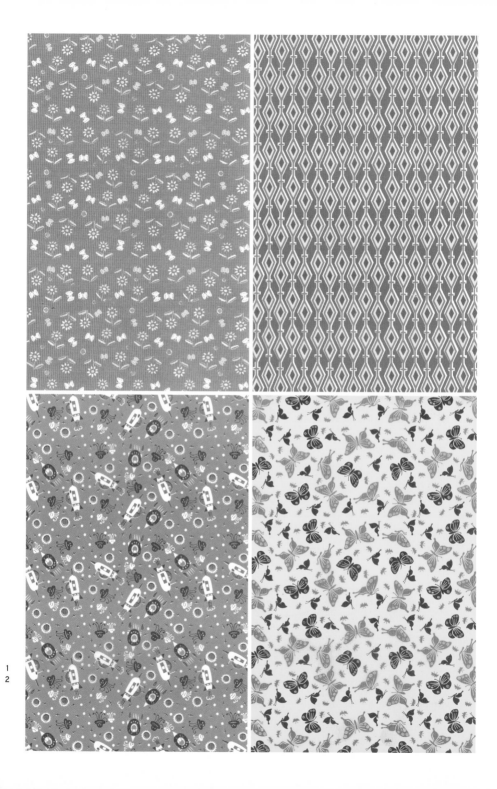

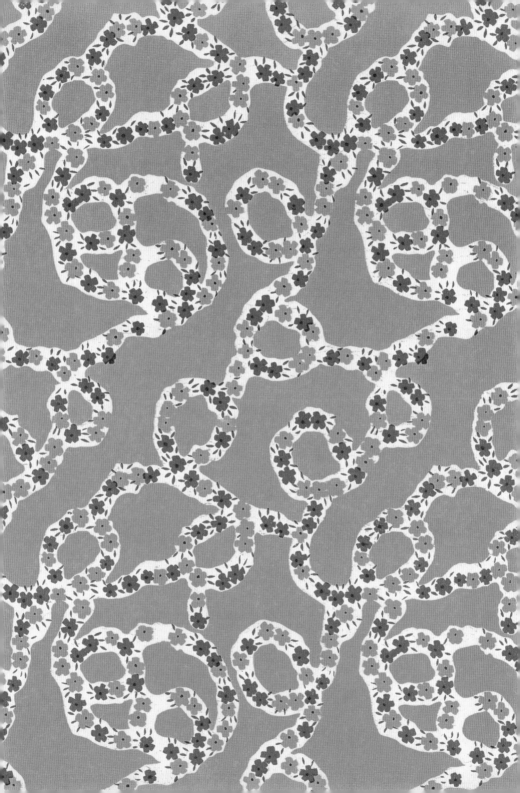

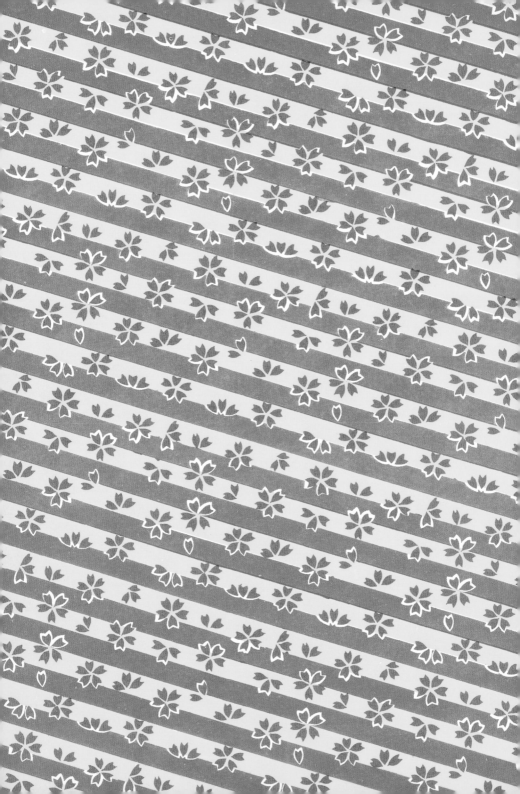

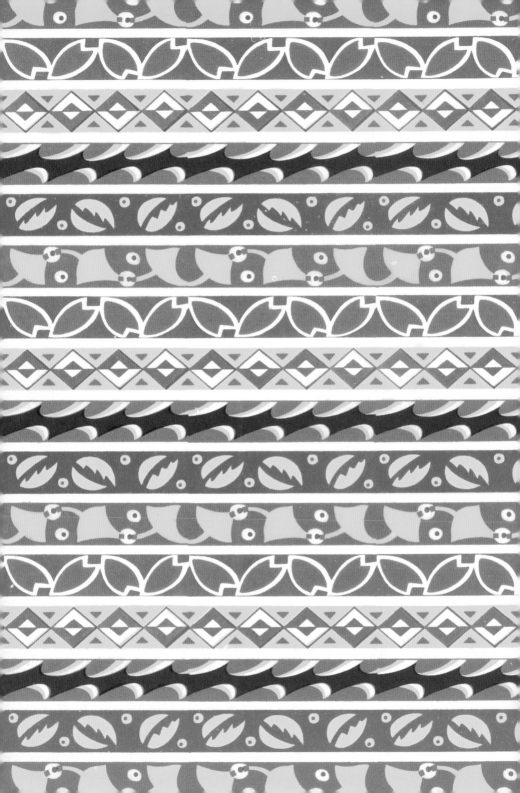

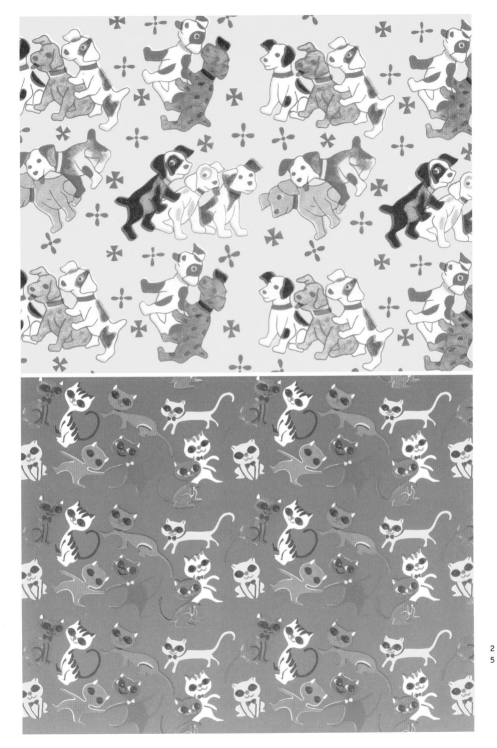

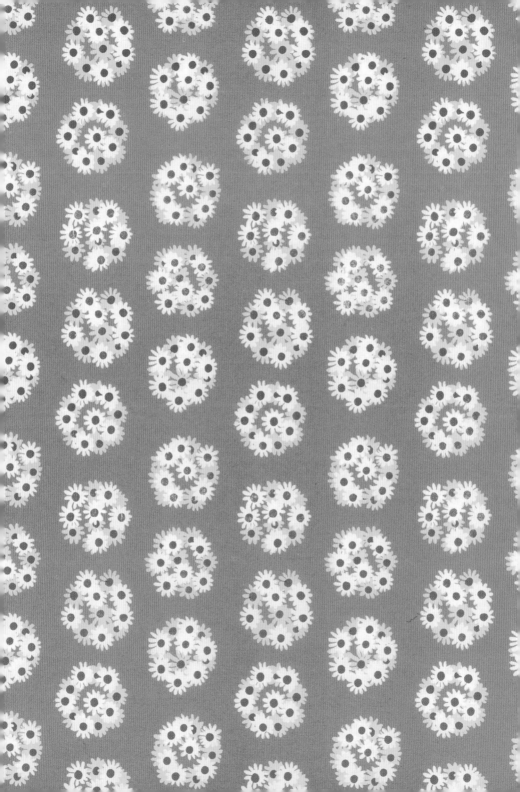

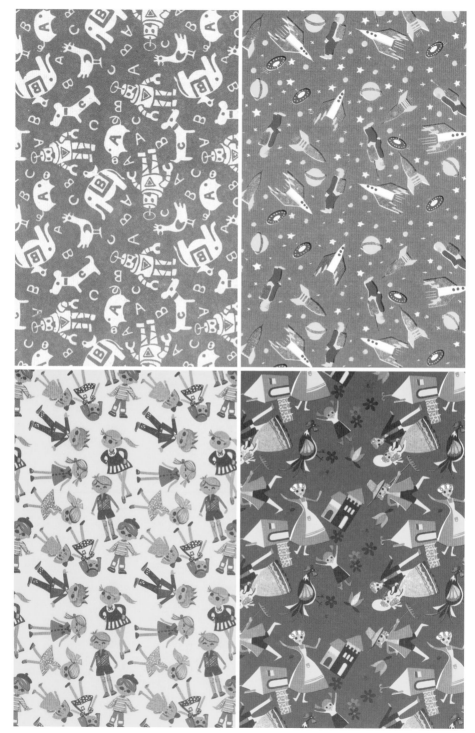

夜長楽団手ぬぐい＋
音楽隊ハンコ

Yonaga orchestra hand towel and orchestra stamps

「音楽隊」は、モダンペーパーのシリーズの中でもとくに人気があります。よく見るとけっこうシュールな表情の動物たちです。この「音楽隊」を、三次元の世界に展開してみました。まずは手ぬぐい。音楽隊のイメージに合う、友人のバンドma-ma trioさんから楽譜を提供してもらい、「音楽隊」の図柄と組み合わせて図案を作成。職人さんに伝統的な注染の技法で染めてもらいました。そしてハンコ。これはいろんな使い方ができるよう、小さめに作りました。
夜長堂の企画展では、この2つのグッズの販売とともに、手ぬぐいに描かれた音楽を聴けるライブを行いました。「紙」の中の世界と現実がリンクして、とても不思議で心地よいひとときをお客さんと共有できました。

The design Orchestra, sold as a Modern Paper, was developed from a flat form into a three-dimensional form. First was the hand towel. The band ma-ma trio provided me with a musical score that I incorporated into the design for Orchestra and then I made some sketches. It was dyed by a craftsman with the Chusen technique. The stamps were designed to be small so that it could be multi-purpose. At the exhibition, I sold these two novelty goods and also gave a live performance of the music that I had copied to the hand towel. I brought together the world of paper and the real world, and shared a wonderful time with visitors to the exhibition.

千代紙からハンコを作りました
Stamps made from Chiyogami

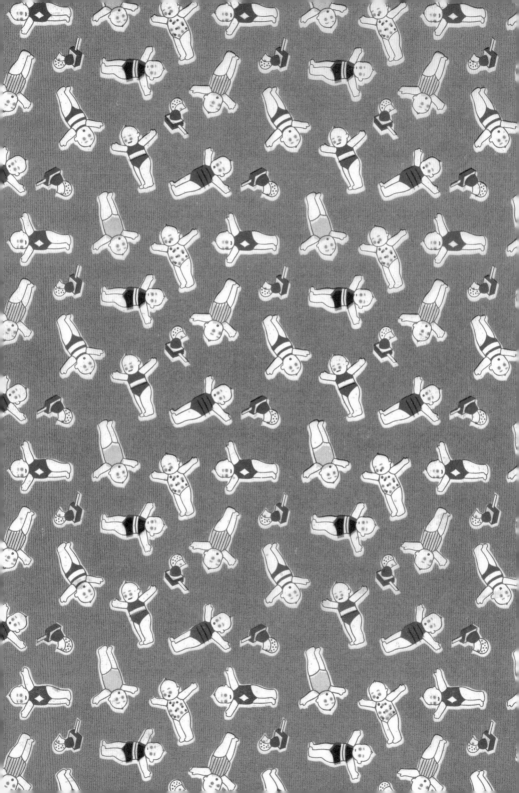

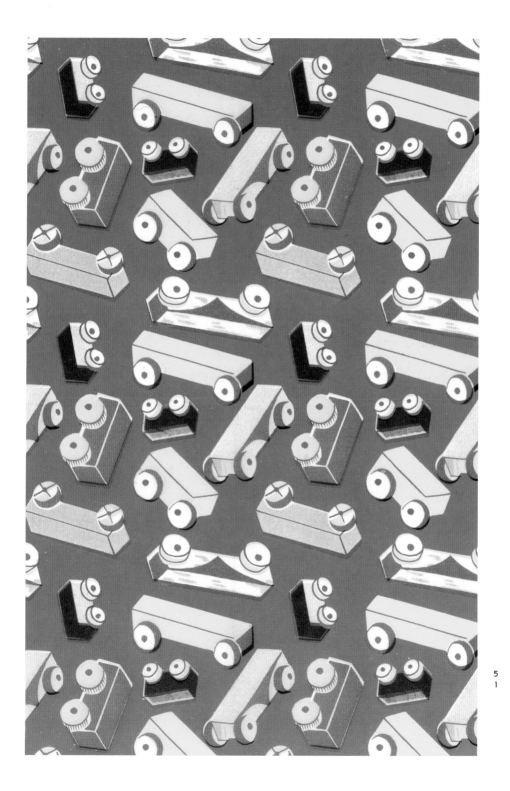

夜長堂 × 倉敷意匠計画室
折り紙 & 紙封筒
Yonagadou and Classiky Ishow Practical Products: Origami paper and envelopes

倉敷意匠計画室さんは手仕事の伝統が残る倉敷を拠点に活動する雑貨メーカーです。キッチンツールや、テーブルウェア、ステーショナリーなど、数多くの製品を扱うメーカーでありながら、一つ一つの風合いや質感にこだわり、真摯な姿勢で物づくりに取り組まれています。かくいう私も倉敷意匠さんの作る雑貨のファンでしたが、まさか自分が一緒にお仕事をできる日が来るとは夢にも思っていませんでした。2009年秋に発売された倉敷意匠計画室プロデュースの『紙ものカタログ2』の企画で、それは実現しました。夜長堂の紙の図柄を使った、折り紙や紙袋ができたのです。折り紙セットは以前からとても作りたかったもののひとつでした。ある夏の日、友人の家に遊びに行くと、夜長堂のペーパー

で七夕の飾りを作ってくれていました。カラフルな紙の輪っかが窓際で風に揺れているのを見て、とても幸せな気分になりました。友人の家で見たほのぼのとした光景が、みなさんのご家庭でも見られたらうれしく思います。

My collaboration with the miscellaneous goods maker, Kurashiki Isho Keikakushitsu, based in Kurashiki where the tradition of the handmade is still alive, involved the production of origami paper and paper envelopes with a Yonagadou design.
I had wanted to create the origami paper set for a very long time. One summer's day, I went to visit my friend and discovered that she was making me some decorations for Tanabata (Star Festival) with paper from Yonagadou. I felt so happy watching the circles of paper drawn with colorful designs by the open window fluttering in the wind.

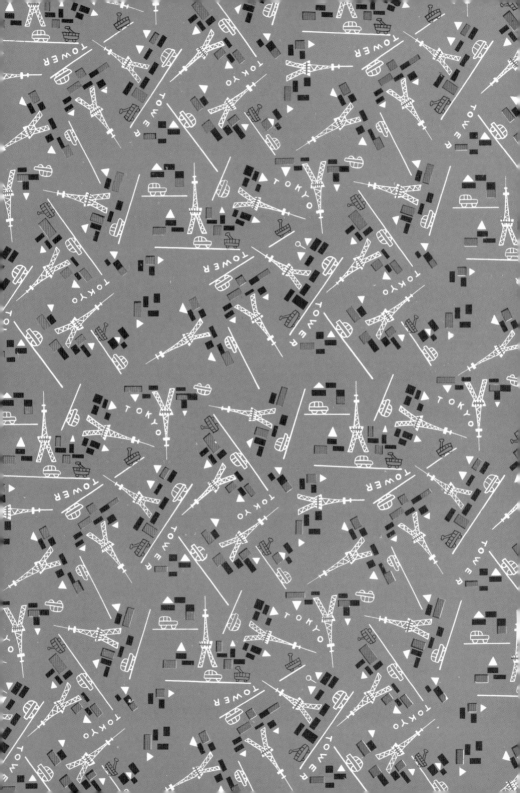

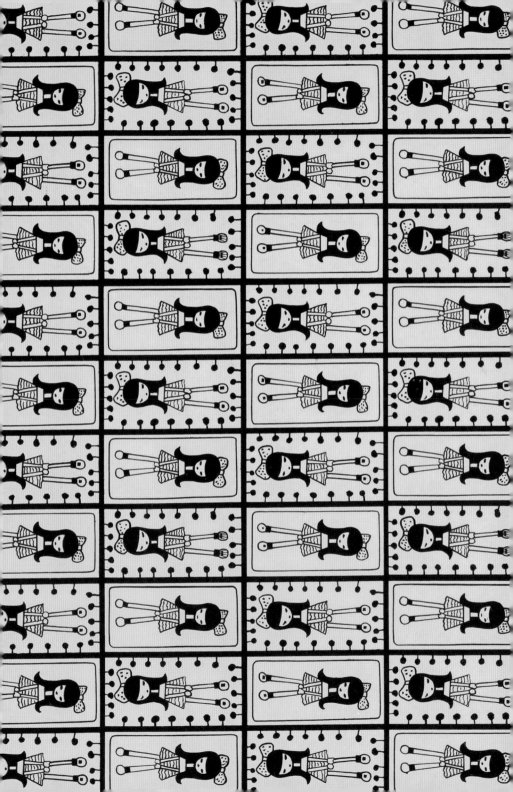

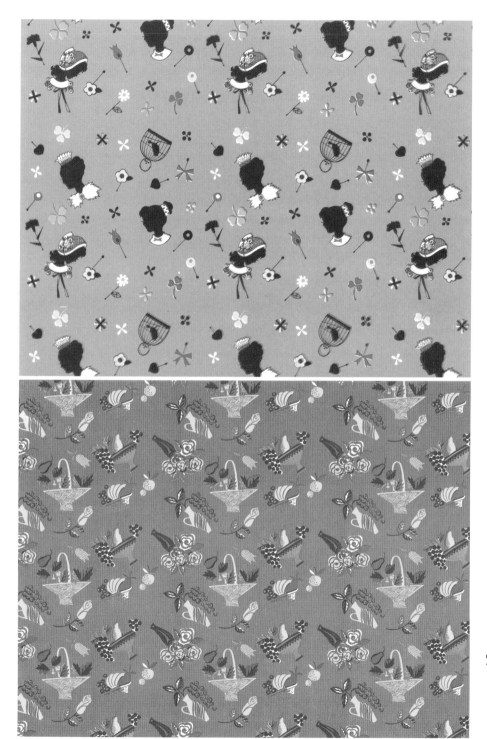

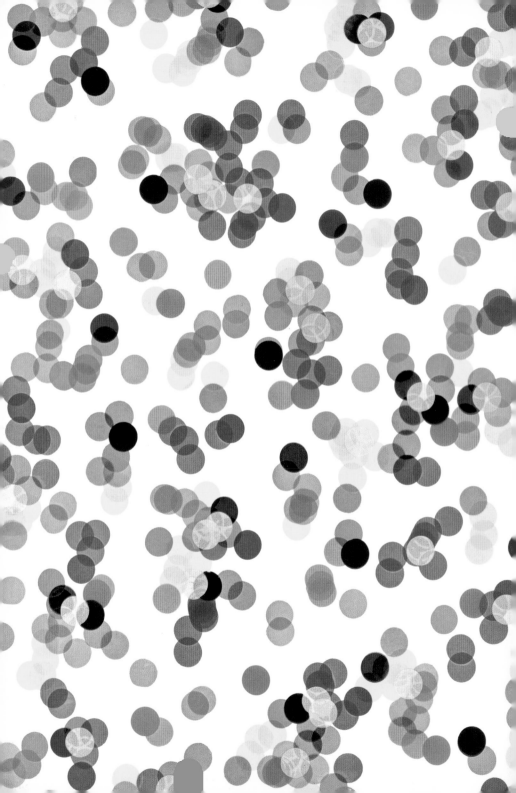

夜長堂×ウイングド・ウィール
カード＆封筒セット

Collaboration between Yonagadou and Winged Wheel:
Card and envelope set

名刺を渡した方に、「この名刺、どこで作ったんですか?」と聞かれます。独特の風合いが感じられる紙に、丁寧に描かれたラクダの絵が活版印刷で繊細に印刷された一枚。

この私のお気に入りの名刺を作って下さっているのが、手紙用品専門店のウイングド・ウィールさんです。名刺のおかげで、話がはずんだり、再会した方が覚えてくださったりと、いろんな縁が生まれました。私が関わっていた大阪名品喫茶大大阪のオリジナル商品を作っていただいた折には、素材や加工に関するこだわりや手紙文化に対する想いなどを、社長やデザイナーの方から直接伺うことができました。そんなおつき合いを重ねるなかでコラボレーションが実現しました。ウイングド・ウィールの人気商品

である二重封筒と同じ、コットン100％でできた上質のペーパーのカードと封筒のセットです。夜長堂の図柄5種が印刷されており、色に合わせてそれぞれ熟練の職人さんが手作業でボーダード加工を施しています。こんなカードに手書きの言葉を寄せたなら、短くても十分に伝わることでしょう。大切な想いを伝えるお手伝いができたらいいなあと思います。

A collaboration with the specialist stationery store Winged Wheel.
A card and envelope made from the same high-quality 100% cotton paper as the popular Winged Wheel double envelope was printed in three different Yonagadou designs, the borders of which were manually processed by an expert craftsman according to the color of the designs.

2

{ 古着
Old clothing }

レトロでポップな国産の60〜70年代のワンピースやシャツ。
気軽な普段着なのに、洗練されたデザインが多くあります。
一目見た瞬間に、そのモチーフにまつわる
物語や音楽が思い浮かんできそうなものたちです。

Dresses and shirts from the 1960s and '70s
when Japan was producing retro, pop-style clothing.
Although it was casual, everyday wear,
many of the designs are very sophisticated.
The moment I saw them, my mind was filled with
stories and music that related to their motifs.

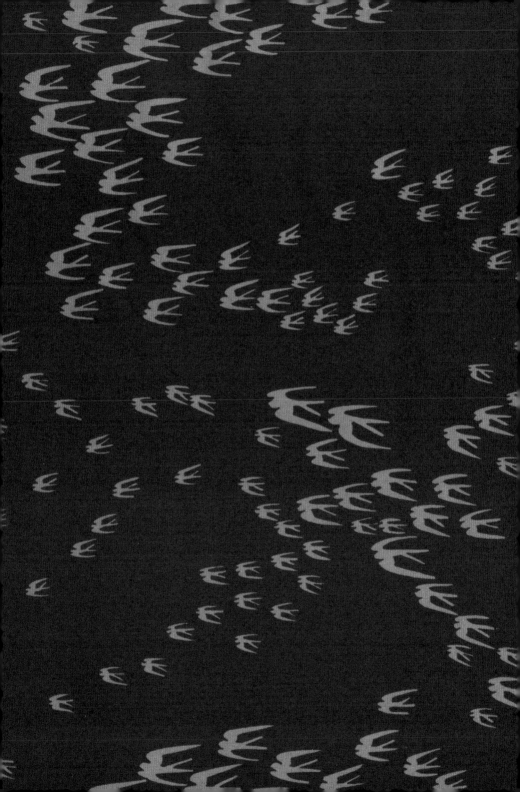

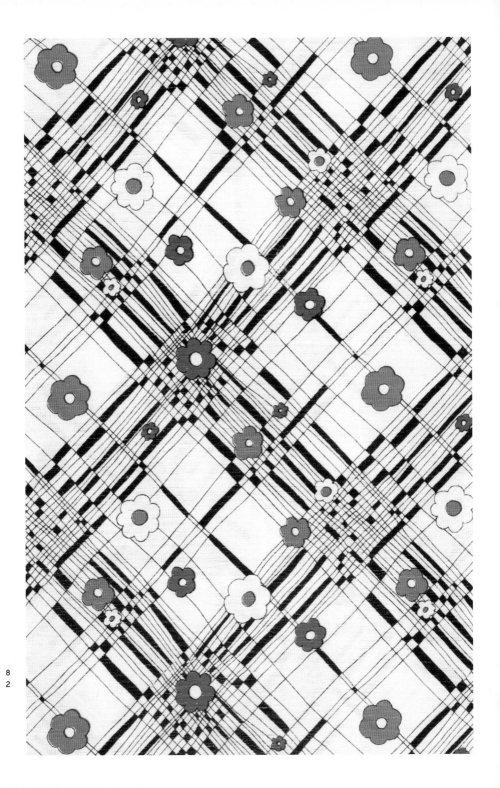

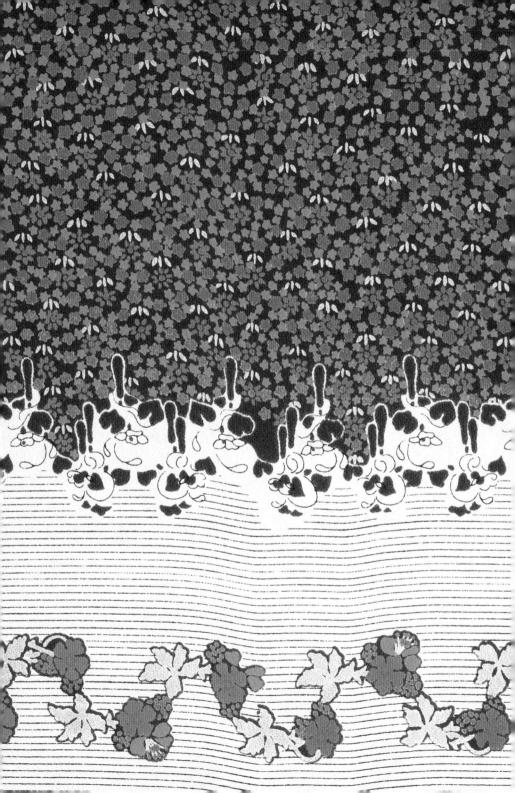

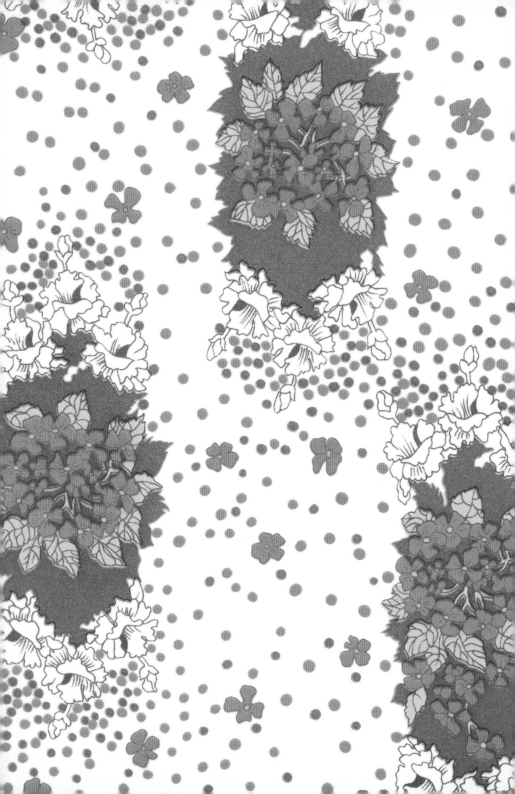

モダンJAPAN復刻ペーパー

モダンJAPAN復刻ペーパーは、大正時代の羽裏や、昭和の千代紙や着物や古着などの図柄を、ざら半紙などの素朴な風合いの紙に印刷して、便箋やハガキ、または包装紙といった日常生活の中で気軽に楽しんでもらえるアイテムとして作りました。鳥とぶどう柄のロマンティックな古着は、一目見てすぐに気に入ったもののひとつ。右ページの「ロマンバード」としてペーパーを作ったあと、この図柄をもとに、自然素材を彫刻してアクセサリーを制作しているBISOUに、ブローチやネックレスを作ってもらいました。素材は水牛の角です。BISOUは、デザイナーの尾﨑恵さんと熟練の職人さんによってものづくりをされています。

I created Modern Japan Reproduction Papers to be used as writing and wrapping paper, by printing the patterns on haori from the Taisho period and on chiyo-gami, kimono and old garments from the Showa period onto rustic-looking paper such as coarse hanshi. I commissioned Bisou to make brooches and necklaces using natural materials, based on a paper with a birds and grapes pattern.

Modern Japan Reproduction Papers

ペーパーの中から、70年代の古着から図案を作ったもの
をご紹介します。
From among the papers I have made, here are some that were
based on the designs of old garments from the 1970s.

ロマンバード
Roman bird

レース
Lace

レースは、ブルー、グレー、イエロー、ピンク、レッドの5色展開にしてみました。
レターセットにするときは、繊細なレースの図柄が映えるように半透明のマッ
トな質感の白い封筒と組み合わせています。ちょっと特別感が出ます。
ロマンバードは、シャツの正面部分をペーパーの図柄にアレンジしました。

ラビット
Rabbit

つばめ
Swallow

総柄のワンピースからアレンジ。秋色の落ち着いた感じのものだったので、
オールシーズンで使えるように色味を変えました。色は季節ごとに変えること
もあります。このような総柄は、包装紙にしても素敵です。

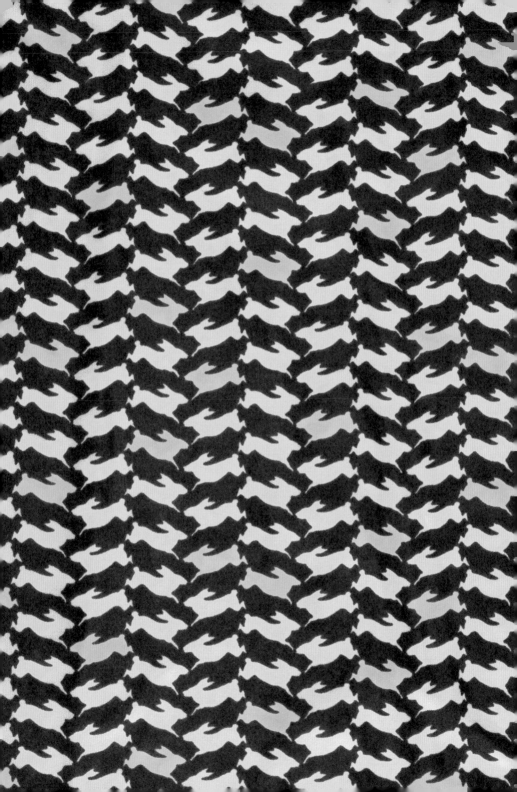

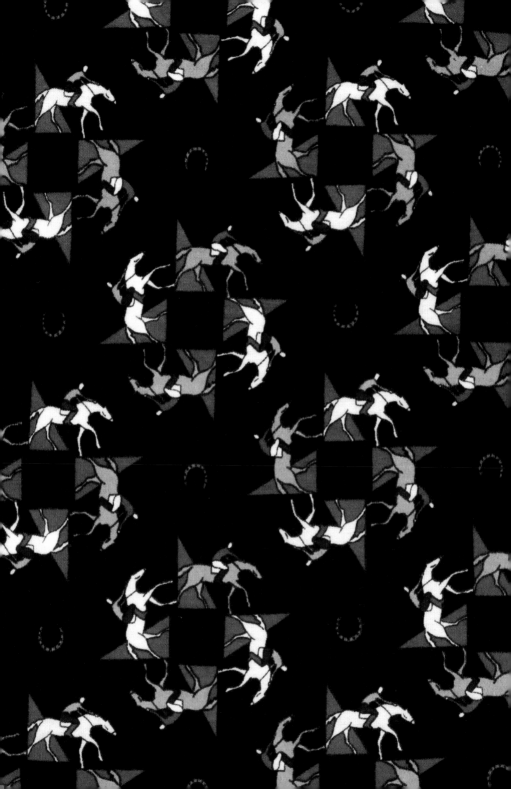

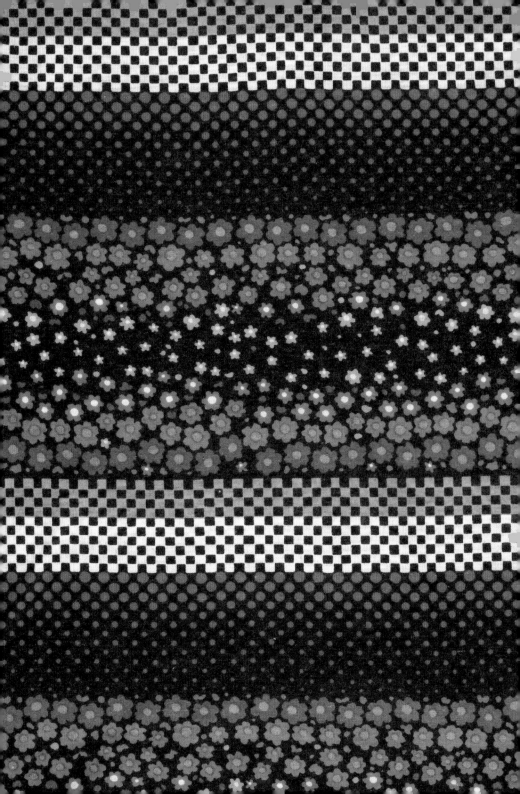

インスピレーションを刺激する
モダンデザイン

Inspiring ideas
from modern design

セルロイド製のえんぴつキャップ
Celluloid pencil caps

昭和20年代後半頃に製造されたセルロ
イド製えんぴつキャップ。外国人風の子
供の顔にセルロイド独特の色合いとの
取り合わせがかなり気に入っています。

Celluloid pencil caps manufactured around
the latter half of the 20s of the Showa
period (1950-1955).

昭和30年代頃のCOLLEEN社製。
豪華で鮮やかな色使いと外国風のセン
スはこの時代に独特で、今はなかなか
このような雰囲気のものは見ることがで
きませんね。
Package made by the COLLEEN
company (contains a color pencil set
and box).

COLLEENのパッケージ
Color pencil set

昭和20〜30年代頃に作られたえんぴつ
削り。素材はアンチモニー。セルロイドほ
ど華やかではありませんが重さと質感が
あります。当て物玩具やおまけなど、小
さくて繊細な作りのアンチモグッズはほ
とんどが関西で作られていたようです。
Antimony pencil sharpeners
manufactured around the 20s and
30s of the Showa period (1945-1965).

アンチモニー製のえんぴつ削り
Antimony pencil sharpeners

昔の商品のパッケージには古びない洗
練されたデザインが本当に多くありま
す。素敵なものを見つけると、ささやか
な宝物のように少しずつ集めています。
Packaging for young girls (contains a
box of face powder and a round tin
can)

乙女なパッケージ
Packaging for young girls

モダン土人形
Modern clay dolls

戦前から昭和にかけての土人形たち。素
朴な風合いに、ドキッとするような彩色の
アンバランスさが魅力です。人形のポーズ
もロマンティックで、乙女感が漂います。
Modern clay dolls made from before
the war and throughout the Showa
period.

お菓子のパッケージ
Confectionary wrappers

お菓子のパッケージは子供たちの心をくすぐるような、眺めているだけでワクワクするような遊び心のあるデザインで、魅力たっぷりです。決して高価なものではないので、紙質もかなり質素な質感のものが多いのですが、描かれている図柄はものすごくハッピーな色合いや図柄。そのアンバランスさにたまらなく惹かれます。

The paper wrapping around iced candy and chocolate wrappers from the first half of the Showa period.

大阪生まれの
モダンな文房具会社

Modern stationery
originating from Osaka

ギターパスの商品
Stationery

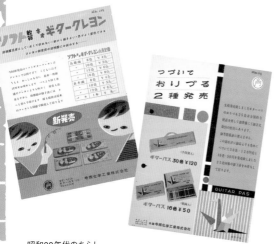

昭和20年代のちらし
The advertising leaflets

寺西化学工業さんで主催した子どもたち
の写生大会と、当時の文具店の風景
Old photographs

ここで紹介しているのは、昭和20～30年代頃のものです。寺西化学工業株式会社は1916（大正5）年に創業し、筆記用インクやクレヨン、朱液、スタンプ台などの製造販売からスタートしました。1945（昭和20）年、第二次世界大戦で全設備を焼失し、翌年に創業を再開してから、「ギターパス」や「ギタークレヨン」、そして「？」マークでお馴染みの「マジックインキ」の販売を1953（昭和28）年に開始しました。

当時はまだ無名のデザイナーたちがパッケージを担当していましたが、まるで外国の絵本のように美しく、色合いは渋めなのにどことなく現実離れした華やかさが感じられるものがたくさんあります。手にした時の子どもたちのときめきは、営業さんたちが記録した昔の写真から伝わってきます。今のようにものがあふれている時代ではありません。子どもた

ちは、宝物のように大切にしたのではないでしょうか。パッケージにも、大事にしたいと思わせるような、魔法の力があったみたいに思えます。

The products (stationery), advertising (leaflets) and photographs introduced here are from the 20s and 30s of the Showa period (1945-1965).
The Teranishi Chemical Industry Company was founded in 1916 and began manufacturing and selling writing ink, crayon, vermilion liquid and ink pads. In 1953 (Showa 28), they started selling Guitar Pas and Guitar Crayons that are so familiar to Japanese people, and Magic Ink that is known by a question mark (?). The designers in charge of designing the packaging were still unknown at the time. The excitement of the children when they held this stationery in their hands can be seen in the old photographs that were taken by shopkeepers.

寺西化学工業株式会社　http://www.guitar-mg.co.jp/
※「マジック」「マジックインキ」は（株）内田洋行の登録商標です。

其の参

3

{ ### 着物・端切れ
Kimono and fabric odds and ends }

見えないところでお洒落を楽しんだ日本人独特の
粋で大胆な感性が表れている大正時代の羽裏（羽織の裏地）の図柄。
元気いっぱい、わんぱくな個性が豊かに感じられる男の子柄、
ロマンティックな花柄や動物を愛らしくカラフルに描いた
女の子柄の昭和初期の着物。
遊び心が感じられ、それでいて細かな箇所まで
繊細に表現されている端切れの数々をご紹介。

Uniquely Japanese bold and stylish designs on the lining of haori
from the Taisho era when people delighted in decorating
even those parts of a garment that were concealed from sight.
Kimonos from the early part of the Showa period, some in a man's design
that abounds with cheerful and mischievous personality and the others,
in romantic floral designs and a woman's design with
cute and colorful patterns of animals.
Introducing various fabric odds and ends that contain a sense of fun
expressed in a delicate and intricate fashion.

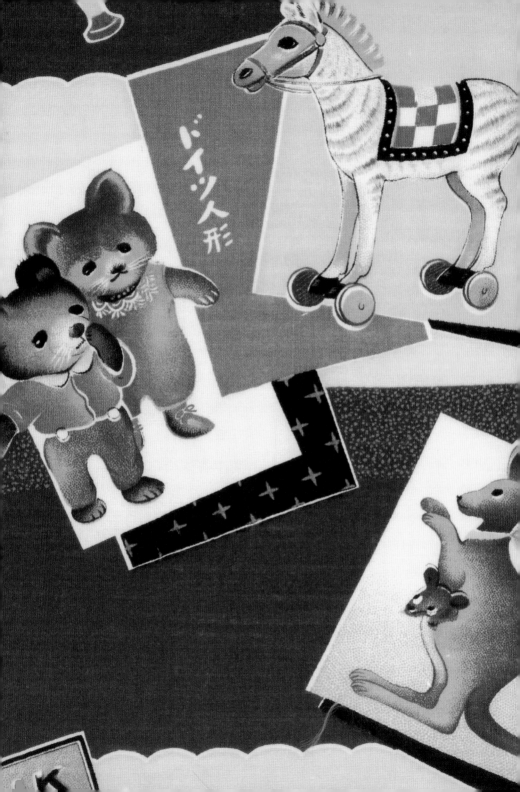

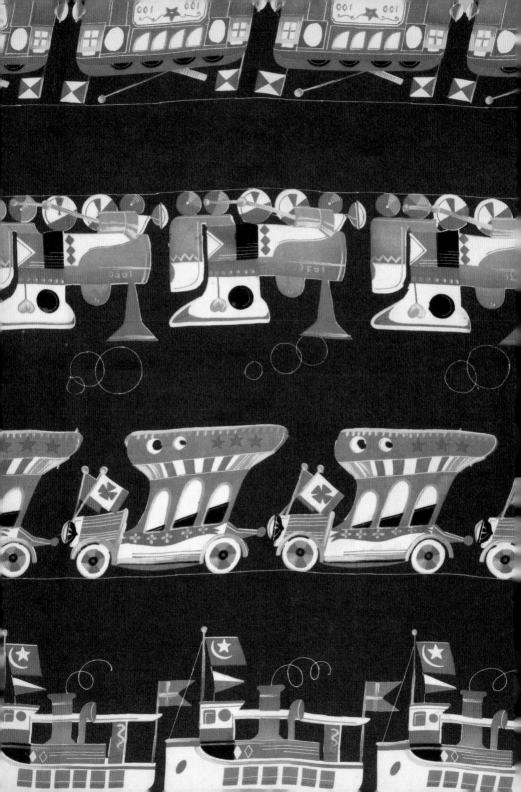

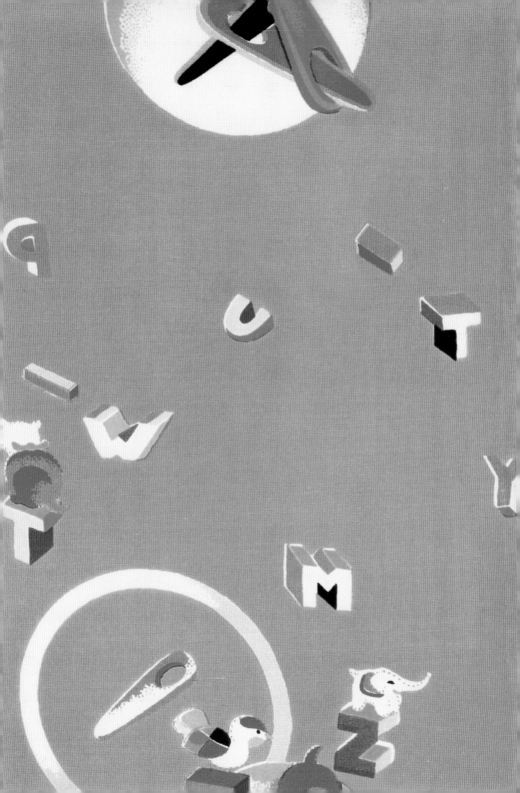

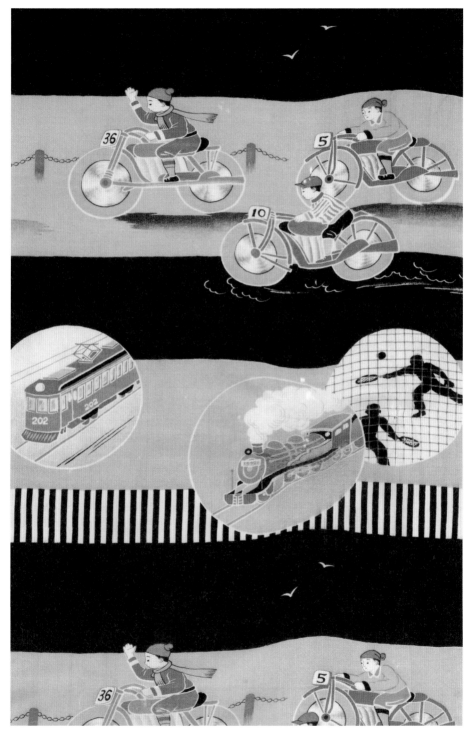

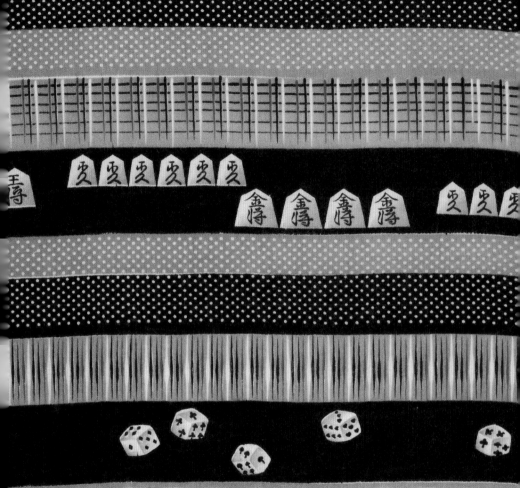

わんぱくシール＆福ちゃんシール

私の大好きな「少しいじわるっぽくて、でも憎めない顔」というのをいちばん表しているのがこの「わんぱくシール」。おそらく昭和30年代頃の紙メンコの図柄です。シールに採用した9つ以外の図柄も強烈！ 牙をむいたタヌキやクールな面構えの犬など、子供向けなのに愛想のかけらもないこと、凶暴すぎること……本当に見てて飽きないものばかり。

一方「福ちゃんシール」は、小さなはぎれにびっしりとほっこり笑顔の福助が描かれた図案（p125参照）からアレンジしました。今では一年を通して販売していますが、当初はお正月のアイテムの予定でした。たくさん笑って泣いてハッピーな人生を送ろう、というメッセージを込めました。

手紙の封やポチ袋など、いろんな場所にこの小さな子たちを貼って楽しんでもらえたらいいなあと思います。

I made the Naughty Sticker drawn with nine different kinds of animals by arranging Japanese menko card designs from the 30s of the Showa period (1955-1965). For the other sticker, I arranged a number of sketches (see page 125) of a smiling Fukusuke (a dwarf man with a large head). I thought it would be a lovely idea for small children to stick them on various things, for example the seal on an envelope or on small paper bags.

Stickers (two types)

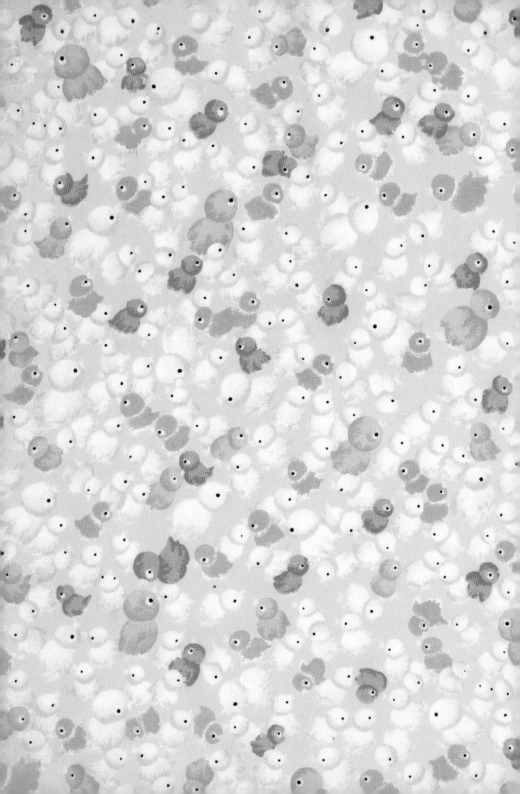

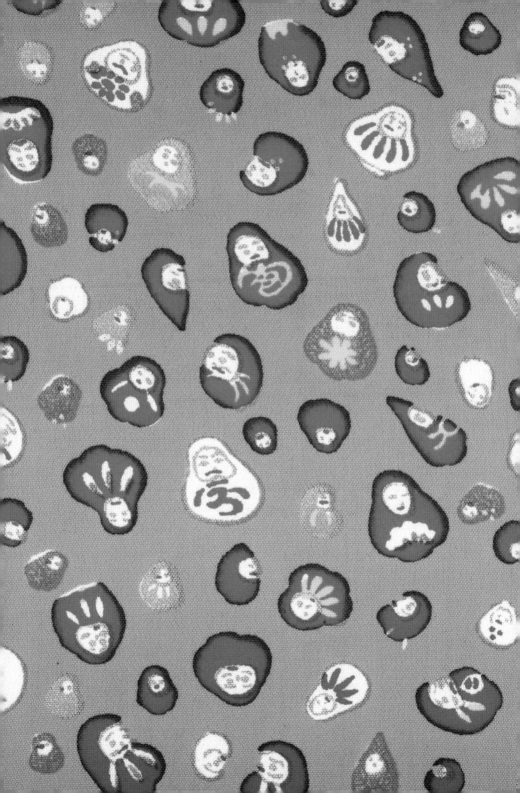

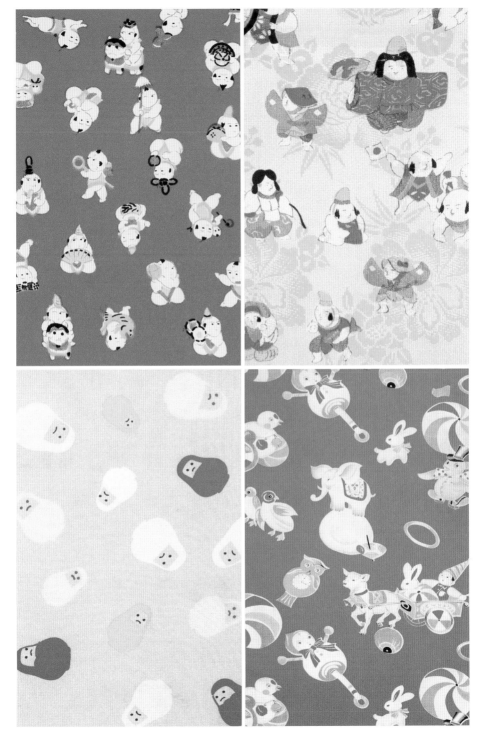

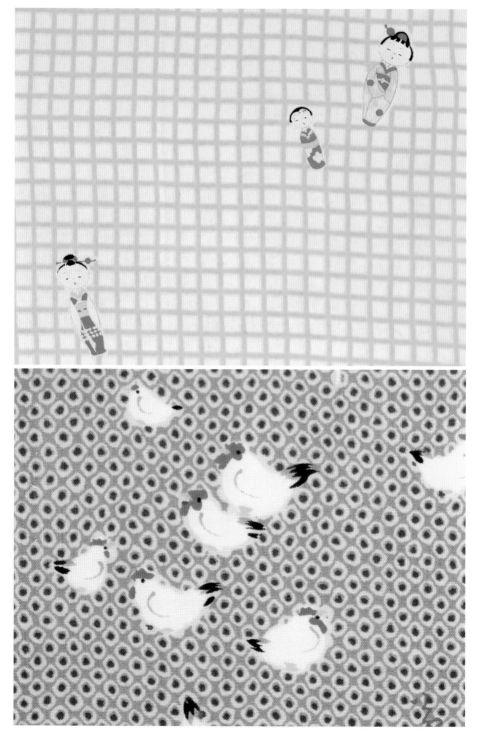

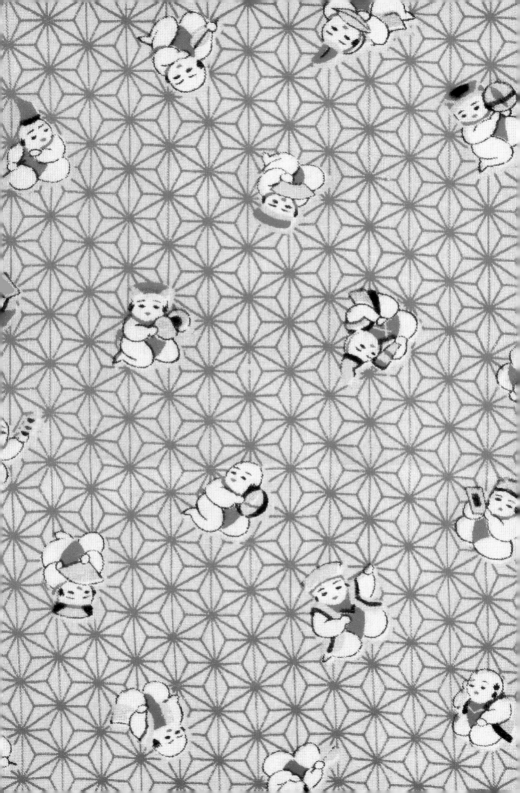

夜長堂×人形作家　内田真紀子
可愛くて奇妙な和玩具

Collaboration between Yonagado and
doll-maker Uchida Makiko:
"Cute yet unusual Japanese toys."

京都在住の人形作家の内田真紀子さんとは、北野天満宮の骨董市で店番のアルバイトをしているときに知り合いました。

ある日彼女に、「絵草紙」というタイトルをつけた夜長堂モダンペーパーを見せて、図柄にある、昔の素朴な人形が作れないかと相談を持ちかけました。ギャラリーなどでモダンペーパーを展示する際、ペーパーのモチーフを立体にしたら、奇妙で愛らしい平面の世界をお客さんにもっとリアルに感じてもらえるのでは、と考えたからです。アンティークの着物や骨董にも関心のある内田さんは、私の求める感覚をよく理解して、左ページのような小さな人形たちを創ってくれました。この人形は、昔ながらの技法（桐塑で形を作り、胡粉と水干絵の具で彩色する）で生み出されました。ひと昔の小さな玩具は、職人さんが仕事の合間の手遊びとして作られた物が多いのですが、素朴な雰囲気を残すため、作り込み過ぎないようにしていたようです。

それは、私が夜長堂の紙ものたちをつくるときにも、気をつけていることでもあります。

丁寧で繊細な物作りをされる内田真紀子さんと、可愛いだけではない、どこか奇妙な世界観が伝わるコラボレーションアイテムを、これからも作っていきたいと思っています。

Uchida-san made me a simple dolls from the past in the design of Yonagado modern paper that I called Ezoshi. I came up with the idea of, when I exhibited modern papers at galleries and other places, making the paper's motif into a three-dimensional form, so that visitors to the gallery would have a more realistic appreciation of the strange and lovely world of the one-dimensional. Uchida-san who is interested in antique kimonos and antique curios understands very well the sense that I am trying to convey. These dolls were created with a traditional clay technique and finished with a shell white pigment (gofun) and special paint colors used for a style of Japanese painting.

a

b

a. 大正から昭和初期に出回った羽織の裏地（羽裏）。
図柄はほどよく力を抜いた線で描かれており、なんとなく癒される一品。
The lining of a haori sold from the Taisho period to the early days of the Showa period.

b. 生地の図柄を、素朴な質感のペーパーに印刷したもの。
肩の力が抜けた雰囲気を出すために、蛍光色を使い、少し現代っぽく軽い感じを目指した。
色味を変化させたことで、昔の縁起物のモチーフもポップになった。
The lining of a haori sold from the Taisho period to the early days of the Showa period.
The design on a piece of fabric has been printed to a simple quality of paper.

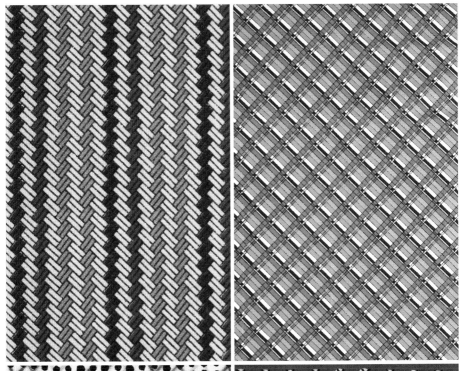

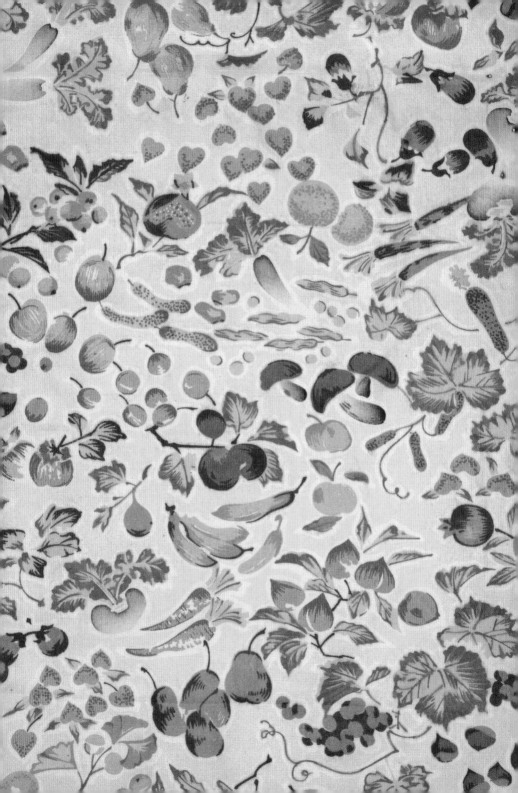

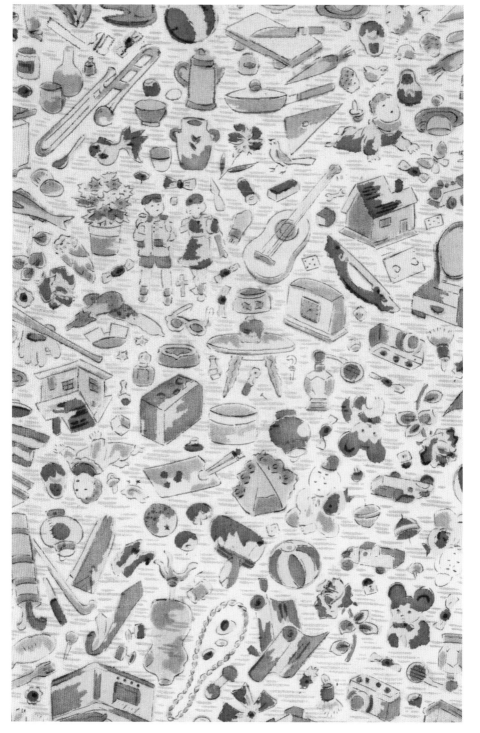

Yonagadou artwork #7

ペーパーで遊ぼう

Let's play around with paper.

「日の出」というタイトルのペーパーの図柄は、もともと羽織の裏地（羽裏）に使われていた図柄です。デザインはとてもシンプルですが、使い方によっていろいろ遊べます。

セットになった鮮やかな紺色の半透明の封筒に、4つ折りにして入れるだけでも、紺色の海（封筒）から日が昇るみたいで素敵なのですが、ペーパーをカットしたり、折ったり、アレンジを楽しんでもらうことができます。文庫本のカバーに使う場合は、タイトルをお日さまの部分に書き込むこともできますね。

こんなふうに、いろんな展開を考えてみることが好きな私には、一つの図柄を何度もアレンジして飽きるまで何かを作り出せることが、自分で仕事をする上での大きな喜びです。

まだまだ「日の出」の楽しみ方が頭に浮かんできますので、全然表情の異なるアイテムとして、今後みなさんの前にお目見えすることがあるかもしれません。

The design of the paper called Sunrise was originally used on the lining of a haori. Fun can be had trimming, folding and arranging the paper. If used to cover a book, you can write the book's title inside the sun.

1
7
0

ちょっとずつストックしておいた布や紙の中から、
こんなハガキや便せんが生まれました。
The postcards and writing paper were made from the
small amounts of fabric and paper I had left over.

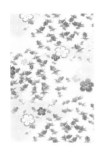  

うずまき文

『金魚ノ夢』

 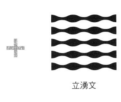 

立湧文

『お散歩マーチ』

いろんな端切れをコラージュしてハガキに
A collage postcard made from various odds and ends.

『サーカス』

『べべ』

着物の端切れから便せんに
Writing paper made from the odds and ends of a kimono.

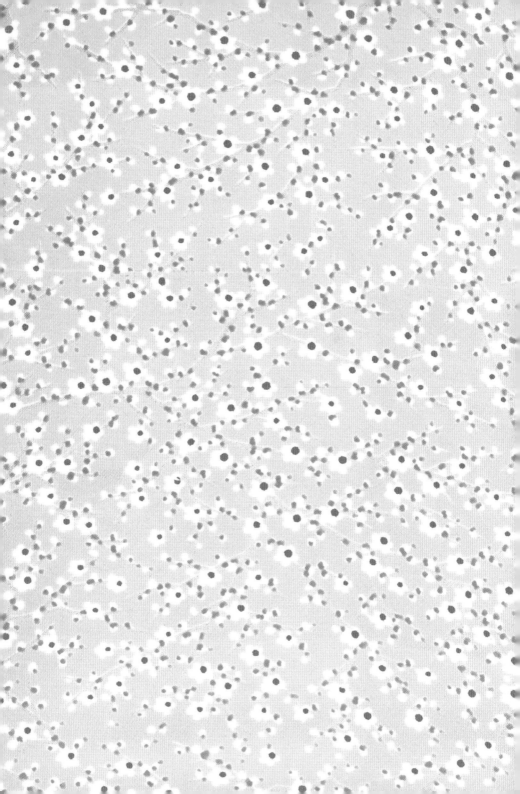

おわりに

大学を卒業してから、普通のOLを数年ぐらいしたのち、職場の上司と大喧嘩して、会社を辞める決意をしました。それからは上司との喧嘩の原因でもある「自分の本当にしたいこと」について真剣に考えるようになりました。

その後、イラストレーターとして活動するようになりました。でも、仕事するうち、売れるものや、みんなに好かれるもの——とにかくポジティブなメッセージのあるものを求められるようになり（それは仕方のないことなのですが）、だんだん自分の描きたいものがわからなくなってきました。そんなころ、仲のよい友人が、私が好きそうだということで見せてくれたのが昭和30年代の千代紙でした。

その千代紙をはじめて手にした時のときめきは、今も覚えています。

今までに見た職人さんたちが丁寧に木版で刷った美しい千代紙とは違い、紙の質感ももっとチープでざらついていて、色も柄も何とも言えず派手だったり、奇妙だったり。誰にも好かれようとも媚びようともしていないのに憎めない愛らしさがあって、その感じがとても衝撃的でした。着物の図柄にもいえることですが、海の向こうの国にあこがれ、背伸びをして作ったものたちが、本物を超えて、完全にオリジナルな世界観を完成させていることに、驚いてしまいます。現代のように情報が多くないなかで、自分のイマジネーションの翼をはばたかせ、独特のリズム感のあるデザインを生み出した、そんな過去の無名（アノニマスな）のデザイナーたちのセンスが大好きです。現代の私たちの方が、情報は豊かなのに不自由なのかもしれません。

夜長堂の仕事は、復刻という作業を行いながら、過去のデザイナーたちへの敬意を忘れず、現代を生きる人たちに、自分のフィルターを通してその魅力を伝えていくことだと思います。また、モダンペーパーだけでなく、私自身を使って一生をかけて作っていくアートワークだとも考えています。これからもいろんなことにチャレンジしながら、知り合った人たちやお客さんたちとも楽しい時間が共有できたら、それは本当に大きな喜びです。

このたび、本書の制作に協力してくださった、骨董から文房具やおもちゃ、さまざまな素敵グッズのコレクターでもあり伝説的な初出し屋さんでもある万歳堂の坂谷忠芳さん、美人でセンス抜群のコレクションをたくさんもっているiriseの水野彩子さん、そして心の師匠である多治見の三角屋の山本さん、沖縄の空の下で夜長堂の仕事をいつも支えてくれている和田有佳さん、本当にありがとうございました。

夜長堂のモダンペーパーには、これからもたくさんの図柄が登場してまいります。お手にとって、それぞれの楽しみ方でお楽しみください。

夜長堂

I still remember my excitement when an acquaintance of mine who is an antique dealer showed me for the first time some chiyogami from the 30s of the Showa period (1955-1965) because he thought I would love it.

In contrast to the beautiful chiyogami that I had seen thus far, printed by craftsmen with great love and care using a wood block, this paper had a gritty texture and looked cheap with colors and patterns that could only be described as gaudy but interesting at the same time. Although the paper made no attempt to ingratiate itself with me, it had an undeniable loveliness, and that I found rather shocking. With very little information now available about this chiyogami, I gave my imagination free rein to create a design with a unique rhythm, enamored as I was with the sense of style of the paper's nameless designers of the past.

Although Yonagado's work involves the reproducing of designs, it never forgets to acknowledge the work of the designers of the past and seeks to convey the magic of those designs to people who live in the modern world.

I don't think of it just as modern paper. I also think of it as artwork that I shall continue to create for the rest of my life. I shall continue challenging myself to create things and to share happy times with the people that I have come to know and my customers.

—Yonagadou

In conclusion

夜長堂 YONAGADOU

関西を拠点に活動するアーティスト。「モダンJAPAN復刻ペーパーシリーズ」と題した可愛くて懐かしい、少し奇妙な雰囲気のペーパーや、レターセットなどの紙もの商品を展開するかたわら、ハンカチやタオルなど、さまざまなアーティスト・職人・企業とのコラボレーションも行っている。

また、戦後建築の魅力を紹介するBMC(ビルマニアカフェ)としてメンバー5人とともに活動し、1950-70年代のビルにスポットをあてる画期的なビル特集冊子「月刊ビル」の発行、新聞コラムの連載、大阪に残る魅力的な建築物を利用したイベント(不定期開催)などを現在もジャンルにしばられず活動を続けている。

2011年に大阪・天満橋にアトリエ兼実店舗を開店し、こっそり営業中。

乙女モダン図案帖

2011年10月11日　初版第1刷発行

著者
夜長堂

ブックデザイン
山野英之＋田中恭子（TAKAIYAMA inc.）

翻訳
パメラ・ミキ

写真
北郷 仁／安彦幸枝（p32, 54, 72, 98, 126, 142, 170, 183）

編集
瀧 亮子

制作協力
PIE BOOKS

協力
坂谷忠芳／水野彩子／寺西工業化学株式会社
ウイングド・ウィール／倉敷意匠計画室
内田真紀子／BISOU・尾崎 恵／凡・金井宏眞

発行元
パイ インターナショナル
〒170-0005 東京都豊島区南大塚2-32-4
　　営業　tel 03-3944-3981 fax 03-5395-4830
　　sales@pie.co.jp

印刷・製本
株式会社 東京印書館

プリンティングディレクター
高柳 昇

主な取扱店

◎国立新美術館SFTギャラリー（六本木）http://www.cibone.com/sft
◎ハチマクラ（高円寺）http://hachimakura.com
◎ここん.（神楽坂・鎌倉）http://www.coconchi.com
◎ブックファーストルミネ新宿2（新宿）
　　http://www.book1st.net/shops/tok_b11.html
◎日本百貨店（上野）http://nippon-dept.jp
◎36 sublo（吉祥寺）http://www.sublo.net
◎ハイカラ雑貨 ナツメヒロ（神奈川）http://natsumehiro.com
◎WONNDER3（新潟）http://wonnder3.com
◎collabon（金沢）http://collabon.com
◎須坂クラシック美術館（長野）
　　http://www5.ocn.ne.jp/~su-bunka/classic.htm
◎小川又兵衛商店ならまち店（奈良）
　　http://www3.ocn.ne.jp/~matabei/
◎恵文社一乗寺店（京都）http://www.keibunsha-books.com
◎ZUURICH（京都）http://pipepumppamp.pepper.jp
◎シロツメ舎（大阪）http://www.le-coeur-shop.com/nino.html
◎タピエスタイル（大阪）http://www5f.biglobe.ne.jp/~tapie
◎Gallery vie（神戸）http://www.galerievie.jp
◎WAKON（兵庫）http://www.wakon.net
◎Minette（広島）http://minette72.net
◎FRASCO（広島）http://frasco-net.com
◎bois2（広島）http://www.bois2.com
◎コトヤザッカ（鳥取）http://cotoya.exblog.jp
◎WOOL（福岡）http://www.geocities.jp/wool_wool_befu/
◎SPICA（大分）http://blog.goo.ne.jp/spica_01
◎言事堂（沖縄）http://www.books-cotocoto.com
◎和睦郷里（沖縄）http://www.wabokukyouri.com

Modern Patterns of Japan: Sweet & Nostalgic

Author
YONAGADOU

Book Design
Yamano Hideyuki + Tanaka Kyoko（TAKAIYAMA inc.）

Translator
Pamela Miki

Photographer
Hongo Jin / Abiko Sachie (p32, 54, 72, 98, 126, 142, 170, 183)

Editor
Taki Akiko

PIE BOOKS
2-32-4, Minami-Otsuka, Toshima-ku, Tokyo 170-0005 JAPAN
Sales　international@piebooks.com